AF607474

Edita: Ediciones Invasoras & Activistas de palabras.

Prólogo: Julio Fernández.

Autoras y autores: Jacob Amo, Nieves Rodríguez Rodríguez, Alfonso Plou, Alberto de Casso, Sebastián Moreno, Ruth Gutiérrez, Laura Aparicio, Miguel Ángel Mañas, Antonio Orihuela, Beatrice Bergamín, Amelie Blume, Julio Castro Jiménez, Ozkar Galán, Esmeralda Gómez Souto, Antonio Corrales, Francisco de los Ríos, Francisco Ramírez López, Juan Mairena, Áurea Martínez Fresno, Antonio Miguel Morales, Diego Palacio Enríquez, Enrique Torres Infantes, Maxi de Diego, Carmen Abizanda, Jaime Chabaud y Deborah Vukusic.

DL ZA 114-2024

ISBN: 978-84-18885-83-9

GAZA, CAMPO DE EXTERMINIO

Jacob Amo, Nieves Rodríguez Rodríguez, Alfonso Plou, Alberto de Casso, Sebastián Moreno, Ruth Gutiérrez, Laura Aparicio, Miguel Ángel Mañas, Antonio Orihuela, Beatrice Bergamín, Amelie Blume, Julio Castro Jiménez, Ozkar Galán, Esmeralda Gómez Souto, Antonio Corrales, Francisco de los Ríos, Francisco Ramírez López, Juan Mairena, Áurea Martínez Fresno, Antonio Miguel Morales, Diego Palacio Enríquez, Enrique Torres Infantes, Maxi de Diego, Carmen Abizanda, Jaime Chabaud y Deborah Vukusic.

INDICE DE AUTORAS Y AUTORES

PRÓLOGO
(SI TU PADRE LEVANTARA LA CABEZA)

Julio Fernández Peláez

Hijo de un rabino, nació bajo el nombre de Benzion Mileikowsky en Varsovia, en 1910, y fue el padre de Benjamín Netanyahu. Fue uno de los editores de la "Enciclopedia Hebrea" y se especializó en Historia Medieval Sefardí, tras haberse licenciado en la la Universidad Hebrea de Jerusalén, una universidad fundada en Jerusalén 40 años antes de la fundación del Estado de Israel. Uno de sus libros más conocidos es *Los orígenes de la Inquisición en la España del siglo XV.*

Benzion Milcikowsky, quien cambiaría su apellido de forma transliteral al hebreo, fue un prestigioso profesor universitario y especialista en antisemitismo; es decir: estudioso de las ideas que motivaron que los judíos fueran discriminados en el siglo XX por motivos raciales, e incluso exterminados por quienes defendían la supremacía de otra *raza*, la aria.

Podemos afirmar que Benzion Mileikowsky estaba en su legítimo derecho de reescribir la historia del pueblo judío, tan odiado a lo largo de los siglos, pero cabe destacar que no lo hizo en una Europa libre, sino en una Palestina bajo protectorado británico y donde tener una religión u otra no parecía importar a nadie. En una Palestina en la que, de manera continuada y durante décadas, acabó siendo "repoblada" por personas con apellidos eslavos pero traducidos al hebreo, en un acto tan simbólico que su significado resulta obvio.

El hijo del profesor, y nieto del rabino, soñó desde niño, al igual que otros muchos niños nacidos en Palestina y con orígenes en otros muchos países, materializar las ideas expresadas por su padre, para ser conducidas desde lo mítico a lo real, desde lo bíblico a lo material. Pero había un problema: el territorio. Por más vueltas que le daba en su cabeza, el joven Benjamín no veía más camino para la pervivencia inmortal del territorio de Israel que la aniquilación del territorio sobre el que se asentaba: el palestino. Desde un punto de vista humano, las personas con creencias diferentes pueden convivir en un mismo lugar –su padre lo había demostrado–, pero desde un punto de vista geográfico, si A se asienta en B, B debe ser eliminado.

¿Pero no es esto lo que habían hecho los nazis? Más allá de una explicación irracional fundada en el odio, Hitler tenía un plan económico basado en la tradicional concepción de la usurpación de los recursos mediante la conquista de tierras, de lo cual cabe deducir que el motivo principal por el cual los judíos fueron exterminados fue lo que tenían, no lo que eran ni lo que pensaban.

Después de innumerables victorias como capitán, y tras acceder al Poder con mayúscula, un puesto del que seguro hubiera estado orgulloso su padre, Benjamín se hizo esa misma pregunta: ¿no me estaré pareciendo a Hitler? Y es por esto que en 2015, en una de sus más populares declaraciones exculpó al pobre Hitler de sus crímenes. Para la inocente mentalidad de Benjamín, no sabemos si también de otras muchas personas en Israel, el instigador del Holocausto fue el mufti Amin al Husseini, líder religioso del entonces llamado Mandato Británico de Palestina, quien en una entrevista con Adolf le habría metido en la cabeza al genocida la idea del Holocausto: "si los expulsas, vendrán [a Palestina]. Quémenlos". Por cierto, ¿esto también lo decía tu padre, Benjamín?

De esta forma tan sublime, Benjamín se zafó de toda comparación posible, reafirmando, además, la idea de que sea como sea, la culpa siempre la tienen los palestinos, no solo del Holocausto judío, también de la radicalización de las niñas y niños de Hamás, de su propio exterminio como pago del ojo por ojo y diente por diente, e incluso de que tu afamado servicio de espionaje sea consciente de un magnífico pretexto, perdón, horrendo ataque con secuestros incluidos, y se vea impotente. ¿Se imaginan un grupo de terroristas en parapente asaltando New York sin que nadie pueda hacer nada? Pues parece ser que es lo próximo.

Superada la comparación con Hitler y las SS, en el estado de Israel -controlado ya por el fanatismo nacionalista y religioso- la auténtica aspiración quedaba libre de todo juicio moral. Exterminar para controlar todo el territorio pasó a ser el único camino posible para la paz –y no solo de los muertos–, pues cualquier otra solución debía aceptar a B dentro de A, y, ya lo hemos dicho, A solo existe, desde un punto de vista cartográfico, si B no existe.

Y llegados a este punto, tras meses de contemplaciones –en el sentido literal de la palabra–, y con la sensación de que un crimen colectivo tan espantoso va a quedar impune, solo queda decir, con pesimismo, que si Gaza, finalmente, es exterminada, no quedará más remedio que dar por terminada la Historia tal y como la entendemos, porque la Historia sucumbe cuando se rompen todos los paradigmas que la sustentan y se abren otros nuevos para que se presente una nueva manera de narrar lo que sucede.

La Historia se acaba y se abrirán las puertas del infierno, sí, pero tengamos en cuenta, por último, un asunto. Al igual que el mar comienza en las alcantarillas, las nuevas formas de fascismo, nazismo y totalitarismo comienzan en los desagües de los países desarrollados, esos que producen armas que van a parar a manos de asesinos, y silencio, mucho silencio. ¿Queremos seguir siendo cómplices? ¿Podremos soportar seguir viviendo como hasta ahora contemplando lo que contemplamos?

¡Ay, Benjamín, si tu padre levantara la cabeza! ¡Y si la levantara el nuestro!

GAZA,
CAMPO DE
EXTERMINIO

Jacob Amo

MI CASA
ES ÁRBOL

MI CASA ES ÁRBOL [1]

A toda la población de la Franja de Gaza
y a mi hija Sira por ser una rebelde con causa.

Las palabras son un plagio de las nubes.
La belleza, un muro derrotado por la altura
y la amistad, un bosque unido por sus ramas.

El miedo es un corazón en una cueva de cuchillos
El dolor, una gota de agua torturando la madera
y la tristeza, un desierto gritando que fue lago.

Las estrellas son alfileres sosteniendo la noche.
El asombro, una cuchara sentada frente al océano
y la imaginación, el picaporte silencioso del poema.

Todo eso es cierto.
Mi casa es árbol
de olivo palestino
antorcha de lluvia
contra el fuego genocida de la madrugada.

---

1 Poema inspirado en la ilustración de la página anterior, realizada por Sira Amo Lucas.

Nieves Rodríguez Rodríguez

LOS ÚLTIMOS MISILES

la bombilla parpadea y leo códigos secretos, luego la sed me vacía por dentro al bajar por el tubo que tengo que trepar y, otra vez, salgo del catre. alguien o algo me muerde los pies y caigo al suelo cuando la bombilla se calla y, entonces, soy incapaz de leer ese silencio / me llaman a lo lejos hombres tapados de negro, fusil en manos, y pronuncian mi nombre: ¿soy yo?, pregunto, pero no obtengo respuesta. después desaparezco en una nube de ceniza y, tiznado, vago pegado al muro / heme aquí, por primera vez, en Palestina, me dijo. luego su voz comienza a temblar y veo la cara de mi padre deshacerse en un fuego lento, el mismo fuego sobre el que mi abuela tejía el jersey que llevé el 7 de octubre de 2024 y del que, todavía, quedan hilos sueltos / una carta de su puño y letra, una carta del mismísimo papa, dicen unos. otros, sin embargo, se carcajean y de sus bocas comienzan a salir portadas de periódicos. todos, de una u otra manera, se saben espiados. y el pavor a los chivatos, a las lámparas que escuchan, al suelo que graba tus huellas, al microchip de los animales en la carretera, el pavor / papá, le digo, ¿eres tú?, me ofrece un vaso de agua y no lo tomo pensando que puede estar envenenada, dejo de ver su rostro. papá, ¿eres tú? un fuego cruzado cae en flechas que se convierten en estrellas y después en copos de nieve. en los minúsculos cristales hay un texto sagrado escrito, me dice, póntelo, así, debajo de la lengua, para que podamos hablar en el más allá / me convierto en un saco de arena, pero nadie repara en que soy yo. voy de trinchera en trinchera y sobre mí se apoyan codos, frentes, manos, cabezas hasta que en un momento dado colocan el cuerpo de un niño muerto al que nadie llora / estoy en la escuela, en clase de Historia, de pronto los mapas mudan de aspecto y se convierten en minúsculas zanjas, alguien dice, ¡mira, nuestra casa está ahí!, señalando una delgada línea roja. la profesora adelgaza y es una línea, a mi alrededor, todos los niños también comienzan a convertirse en zanjas y la clase de Historia se termina / cada poco tiempo caen sogas y cada poco tiempo veo cabezas rodando por el suelo y luego los niños juegan al fútbol. el balón se deshilacha y en las televisiones muchos jóvenes se hacen kufiyas con los mismos hilos. nadie entiende nada, sorprende ver la facilidad que otros tienen para portar la bandera de nuestro país, esa que, a veces, no podemos poner ni a nuestros muertos / llueve, pero no llueve, es algo parecido a la lluvia, nuestro cuerpo empapado comienza a pesar cada vez más y más y más y nos quedamos así, paralizados. luego mi madre me acaricia la frente, me retira el pelo de la cara y comienza a leer dentro de mi frente: del río al mar, del río al mar, del río al mar, del río al mar / la bombilla parpadea, alguien o algo me sacude, me dice, ahora así: despierta / no te muevas hija, me dice mi padre, no te muevas. nos quedamos en silencio unos segundos y después dice: despierta / ensordecen los gritos en el hospital, una médico, vestida de verde se acerca y me susurra al oído: despierta. / A lo lejos / A lo lejos / A lo lejos gritos de paz / ¿Se habrá terminado esta pesadilla?

Alfonso Plou

ME VAS A MATAR

Un adolescente gazatí es apuntado por un fusil ametrallador de un soldado israelí.

Ibrahim

Me vas a matar / Espera un poco / Duda / Dame un tiempo.

No dispares / Un segundo tan solo antes de cumplir tu objetivo.

Deja que te hable el tiempo / El tiempo lo es todo / Me vas a matar.

Si me matas / Todo acaba para mí / Pero nada acaba para el mundo.

Me puedes matar / Soy un joven como tú / Aunque tú no me veas.

Y me estás viendo / Como quien ve a una rata a la que tiene que matar.

Como los nazis veían a los judíos en los guetos y las cámaras de gas.

La historia da vueltas / El tiempo no se detiene / La vida muere.

Las víctimas sois ahora los verdugos / Los judíos los nazis.

Sé que no quieres escuchar estas palabras / Sé que no las oyes.

Tus oídos están cegados por la rabia de un pueblo que se dice elegido.

Pero estos olivos los plantaron mis tatarabuelos / Me vas a matar.

Esta tierra mía acogerá mi mortaja / En qué tierra plantarás tus semillas.

En qué momento se torcieron los destinos de nuestros dos pueblos.

Dime /Respira / Calla / Escucha el latido de tu corazón /Me vas a matar.

Qué palabras contendrían el odio fraguado por décadas / Dime.

Cuando dispares verás que mi sangre es roja como la tuya / Calla.

Siente el silencio / Siente el vacío / La nada mortal que crea el odio.

Y en este tiempo / En este breve momento de duda / Dilo.

Has sentido quizás que tú y yo somos dos hermanos / Caín y Abel.

Somos dos hijos del mismo Abraham / Ibrahim elegidos para el sacrificio.

Somos vástagos los dos del mismo Sem / Hablamos lenguas semitas.

Qué te lleva a despreciarme como me desprecias / Ignorarme / Humillarme.

Por qué piensas que haciéndome desaparecer no te estás matando tú.

Por qué crees que la humanidad no me concierne / Que tú solo eres humano.

Que matándome no te perseguirá para siempre una maldición bíblica.

Me vas a matar / Respira / Calla / Cumple / Muere tú al matarme a mí.

El soldado israelí dispara. El gazatí muere. Oscuro.

Alberto de Casso

SOBRAN LAS PALABRAS

SOMBRAS LAS PALABRAS

¿OBRAN LAS PALABRAS?

HOMBRES SIN PALABRAS

ESCOMBROS DE PALABRAS

Y DIOS SE FUE DE VACACIONES

A DIOS SE LE GASTARON LAS PALABRAS

TENDRÍA QUE INVENTAR EL VERBO DE NUEVO

TENDRÍA QUE CREAR EL MUNDO DE NUEVO

PARA QUE LA PALABRA ODIO PARA QUE LA PALABRA RABIA

PARA QUE LA PALABRA INDIGNACIÓN O IMPOTENCIA

BASTARAN PARA DECIR ALGO

SOBRAN LAS PALABRAS

TACHAD UNA A UNA CADA UNA DE ESTAS PALABRAS

QUE NO SIRVEN PARA DESCRIBIR

UN RÍO DE HUESOS DE NIÑOS APLASTADOS BAJO LOS ESCOMBROS

ESCUPAMOS SOBRE CADA UNA DE LAS LETRAS DEL ABECEDARIO

Y TATUEMOS EN NUESTRO ALIENTO LA ÚLTIMA PALABRA

QUE ACASO DIGA ALGO

Y QUE SOLO PUEDE SER DICHA CON UN DESTELLO DE RABIA

TRITURADA CON LOS DIENTES

COMO SI MASTICÁRAMOS PIEDRAS

PARA ACABAR CON EL SILENCIO HOSTIL Y SOFOCANTE DE DIOS

Sebastián Moreno

Yo era como las ciudades nuevas…

Yo era un cielo áspero, almendra amarga, sudor de miel de caña.

Yo era niños jugando, mariposario, orín en el árbol.

Yo era mármol de rutina, copla añeja, verbolario.

Y ahora soy cazador dormido, labio azul,

linterna mustia, Starbucks cerrado que antaño fue un teatro.

Y ahora soy aeroplano, fuego fatuo, herida abierta, bolsillo lleno de miedos.

Y ahora soy madres corriendo, nevera vacía, farola apagada, panecillo para nueve, raíz seca, ladrillo roto, lobo hambriento, párpado ensangrentado, cantante calva, luna afilada, hoguera sangrienta, camino huérfano.

Y ahora soy: nido para el odio, golondrina dormida sobre la corona de espinas, rama de olivo caduca, Babel errante, abrazo tronchado, adiós imberbe, muñeco roto.

En la cucharada de sopa de piedra brilla el miedo.

En la chimenea extinta tiembla vuestra culpa.

Nos tumbamos desnudos sobre las ruinas, envueltos en sudor, saliva y ceniza.

Han dejado de brillar las estrellas… (También las de esa bandera, también la de David).

Yo era techno triste y ahora soy vihuela herida.

Así suena Gaza sin ti.

¿Tú también lloras por mí?

Ruth Gutiérrez

Desde tu ventana, la ventana que pega a los pies de tu cama, ¿qué alcanzas a ver? Hay demasiados cuerpos apilados esta noche en el campo. ¿Puedes verlos? ¿Alguna vez te asomas realmente a ver? Hay muchos tipos de campos. Cuando digo "campo", ¿qué ves? ¿Imaginas una explanada verde y apacible donde no hay nada y por eso nada malo puede ocurrirte? Si pidieses a diferentes niños dibujar un campo, todos serían el mismo en su forma más esencial. Si te pidiese que miraras rápido, no verías nada perverso en un campo. Tampoco nada humano. Ni nada que tenga que ver con el amor. Todos los campos que conozco tienen en común una terrible e irremediable falta de amor. ¿En Gaza los campos serán tan verdes como tú los piensas? Allí no queda nada de lo humano. Gaza ha dejado de ser una ciudad para ser campo. Y por eso todos mueren continuamente, sin descanso, por la falta de amor. Un campo implacable que no deja de crecer, como una materia oscura, sin principio ni final; un campo insaciable como una boca hambrienta que devora todo lo que encuentra a su paso. Y lo devora sin importar si está vivo o muerto, como si estuviera todo suspendido. La vida, el tiempo, el amor, el cielo, la ley, la moral. Todo se mueve por fuera de la moral, por fuera de lo humano. O dolorosamente dentro. ¿Vives tú por fuera o por dentro de lo humano? ¿Por dentro o fuera de la falta de amor? ¿Amas lo humano por encima de todo? ¿Qué ves cuando digo "campo"? ¿Sabes tú que campo de refugiados, campo de concentración, campo de exterminio, campo de leprosos son sinónimos? Matar y dejar morir son sinónimos. Fascista y demócrata son sinónimos. Presidente y genocida son sinónimos. Porque todo responde al modelo del campo. Todo se resuelve creando campo. Se crea campo para refugiar a los vivos. Se crea campo para depositar a los muertos. Y nadie tiene mala conciencia por ello. ¿Tú, que pareces tan feliz ahí a los pies de tu ventana, tienes mala conciencia por ello? Se creaba campo para exterminar judíos. Se creaba campo para separar a los leprosos de los sanos. Se creaba campo para separar a los locos y defectuosos de los cuerdos. El cuerpo sano que se protege del enfermo. El modelo del campo. El campo destruye lo que nadie quiere. O simplemente lo deja morir. ¿Qué haces tú con lo que nadie quiere? ¿Dirías tú, hombre feliz, que en Europa hay muchos campos? ¿Europa mata o deja morir? ¿Qué sería de una democracia sin crear un poco de campo? Una democracia feliz llena de hombres felices que están demasiado cansados para pensar en bombardeos y genocidios. Una democracia en la que muere gente a diario. Muere gente cada día. Mueren en mitad de la calle a patadas. ¿Cuántas patadas necesita un chico para morir desangrado una noche? Mueren a manos de quienes dicen amarlas. Mueren ahogados en el mar. Y, si no mueren, nada más salir del mar se ponen a recoger aceitunas en un campo. Las filas de muertos de Palestina parecen campos de fresas y aceitunas desde lo alto. A más aceitunas, mejor producción. A más muertos, mejor producción. 20.000 aceitunas recogidas, buena producción. 20.000 judíos muertos, buena producción. 20.000 palestinos muertos, buena producción. Y nadie tiene mala conciencia por ello. Es el modelo del campo. No hay nada perverso en un campo. Eh, tú, hombre feliz, ¿te sientes a salvo viviendo bajo el modelo del campo? ¿Te sientes a salvo con la matanza planificada de miles de personas? ¿Sientes ahí, desde tu ventana, la falta de amor propia del campo? Una guerra. Una invasión. Un ataque terrorista. Una violación en masa. Nada de eso son las grandes verdades del hombre. Sobrevivirás a todo eso porque no son las grandes verdades del hombre. Auschwitz, Belgrado, Nagasaki, Siria, Palestina. Es el modelo del campo. Gente que muere. Gente que desaparece. Gente que es torturada, perseguida y bombardeada. Las zonas de tramitación de los aeropuertos. Las zonas de encierro de las fronteras. Confundir el olor a carne muerta de las costas con el olor a peces podridos porque son sinónimos. Son vidas carentes de valor, cuerpos que respiran con absoluta indiferencia entre la vida y la muerte para ti y para el resto del mundo. Chernóbil, Irak, Ucrania. ¿Es que nunca termina de crecer el campo? Bombas en estaciones de metro. Tiroteos en un campus universitario, en una sala de conciertos. Terrorismo de estado. Tifus, sida, covid. Niños que son enviados a matar. Niños que son devueltos muertos. Niños que lloran sin sus padres. Niños que mueren aplastados en un agujero. No son las grandes verdades del hombre. Nacer, consumir, plantar un árbol, tener hijos, abusar de tus hijos. Esas son las grandes verdades. Lo que se piensa, lo que se consume, lo que se produce, lo que se viola, lo que se deja morir. Solo tienes que cumplir lo que se espera de ti, hombre feliz, en este campo. Los hombres felices no se distraen con historias de campos. Los hombres felices no tienen tiempo para el sufrimiento de los otros. Mecaniza el dolor. No te rebeles contra el modelo del campo. Gaza es ahora un campo, un agujero lleno de huesos. El mundo es ahora un campo que se devora a sí mismo, justo ahora, al otro lado de tu ventana. Pero tú confía solo en las grandes verdades, las grandes verdades del hombre. Que nada te quite el sueño. ¿Hay algo que te quite el sueño? En las noches de insomnio, ¿cuentas los muertos apilados en las calles de Palestina? ¿Enciendes la tv y cuentas cuántos muertos caben en una misma fosa común hasta quedarte dormido? ¿Cuántas fosas comunes pueden caber en un mismo campo? ¿Cuántas veces hay que bombardear a un pueblo para que no pueda volver a abrir los ojos? ¿Cuántas horas tarda en morir un niño sepultado bajo los escombros? ¿Cuántos segundos pasan del estallido de una bomba hasta el silencio más absoluto? Y luego, ¿duermes con el miedo debajo de la almohada o con el odio? ¿Tiemblas tú de miedo alguna vez? ¿Te tiembla la voz al decir la palabra "campo"? Si la pronuncia tu boca, ¿duele menos? Si la repites una y otra vez esta noche, esta noche de insomnio, hasta quedarte dormido, el mismo número de veces que todo muere una y otra vez en el campo, como si quisieras silenciar los gritos que nunca atraviesan el cristal de tu ventana, negar el dolor, apretar el gatillo y escapar a la falta de amor... ¿harás que un campo solo sea lo que un niño feliz puede imaginar: un prado arrullado por el viento? ¿Qué ves cuando digo "campo"? ¿Tiemblas ya de miedo por ello?

Laura Aparicio

ARBEL

En algún lugar oscuro y silencioso una voz resuena.

ELLA

No sé exactamente cuánto tiempo llevo metida aquí. Puedo recordar imágenes sueltas de las últimas horas... Cuando me trasladaron con las otras nueve, estuvimos hacinadas durante mucho tiempo a lo largo de un pasillo enorme, y esta tarde sin más, nos sacan rápidamente hacia el exterior.

Los cielos se iluminan en la lejanía de colores naranjas entre columnas de humo que ascienden. Todo movimiento es lento mientras atravesamos ruinas y más ruinas en silencio. Mis compañeras parecen estar ausentes, frías... casi diría que sometidas a lo inevitable. A nuestro grupo nos ha tocado el capitán que susurra de vez en cuando indicaciones al grupo de asalto.

Puedo sentir su mano caliente y casi su aliento. Trato de recordar alguna canción para no sé... darme ánimo o ahuyentar lo que sé que estaba por llegar, pero todas las músicas del mundo han desaparecido de mi memoria. Quizás esto solo sea un mal sueño, una pesadilla de la que voy a despertar, o tal vez la peor de las reencarnaciones. (*Ríe*). Llegamos a lo que fue una escuela, quedan trozos de pupitres esparcidos, restos de libros calcinados, y es entonces cuando el capitán dice: «Tiro directo a la cabeza o al pecho, como si fueran conejos». Hay unos minutos eternos donde el tiempo se rompe. La soledad de las barbillas de los soldados tiembla ante la risa nerviosa del terror. Uno jovencísimo, pega un tiro, no sé si por nervios, miedo o por la temeridad que da un fusil entre las manos, y entonces un grupo de niños de seis u ocho años salen corriendo en todas direcciones entre los escombros de la escuela. Los soldados sincronizados empiezan a disparar y corren tras ellos. Mi capitán persigue a uno pequeño que se escabulle hacia el interior de un cuarto semi derruido. Al verse cercado por un bloque de cemento el niño se gira y nos mira con unos ojos enormes de ciervo que se sabe sacrificado como tantos otros miles. El algoritmo del sistema detecta la presión del dedo del capitán sobre el gatillo electrónico, la inteligencia artificial de Arbel me penetra hasta lo más hondo lanzándome en cuestión de microsegundos a la cabeza del pequeño... De esto hace horas.

Un sonido intermitente llega desde la lejanía.

ELLA

¿Hola? ¿Alguien me escucha...? ¿Hola...? Gaza es un gran coto de caza. En el fondo sé que nadie va a acudir al rescate de... ¿cómo llamarle? Le llamaré Arbel, pero no por el invento de Israel Weapon Industries sino como el monte Arbel en la Baja Galilea cerca de Tiberias, donde los altos acantilados tienen vistas al Monte Hermon en los Altos del Golán. Un lugar hermoso que "mi Arbel" no conocerá. Su respiración se vuelve más espaciada, no se mueve, no gime... se va apagando. ¿Con qué estará soñando mientras agoniza? ¿Con balas que hablan, piensan, sienten y no quieren hacer su trabajo? Una bala se siente ligada al cuerpo en el que se aloja por toda la eternidad.

Miguel Ángel Mañas

قطاع غزة

Amanece.

Haces de luz que penetran entre los escombros.

Un cuerpo. Una niña.

Otro cuerpo. Un bebé.

La niña tiene un brazo atrapado.

Con el otro protege el cuerpo del bebé.

La niña respira despacio.

Se hizo la promesa de que nunca dejaría solo a su hermano.

Escucha gritos.

En el exterior la gente grita, pronunciando su nombre.

Y el del bebé.

La niña no puede gritar.

La niña tiene un brazo atrapado y una barra de metal le atraviesa el pecho.

La niña no puede gritar.

Mira hacia arriba.

Un haz de luz brilla en sus ojos.

Una luz que no hace daño.

No es la luz que escupen las bombas nada más explotar.

Esa luz quema los cuerpos, los esparce por la tierra.

Escucha el movimiento de los escombros.

Quizá alguien pueda salvar a su hermano.

Salvarlo de morir ahí.

Ahí está mi hermano mayor, y mi madre, y mi padre.

Sus lágrimas caen sobre mí. Me limpian la mirada. Venid, corred, el bebé también necesita de vuestras lágrimas, para que pueda abrir los ojos. Despierta... despierta. Yo debo quedarme aquí pero tú vas a poder salir y quizá crecer. Despierta... Apenas me quedan fuerzas... despierta...

La niña contempla a su hermano.

El bebé extiende los brazos.

Nunca te dejaré sola. Tú tampoco vas a poder crecer.

Una última respiración.

Los haces de luz refulgen en sus cuerpos.

Así, dejemos que la luz nos proteja. Adiós, papá. Adiós, mamá. Adiós, hermano.

Antonio Orihuela

INTIFADA

Nació el año de la revuelta de las piedras
y lo primero que vio
Fadi Abu Salá
fue cómo le quitaban su tierra.

Luego le quitaron sus piernas
durante un bombardeo israelí,
pero Fadi salió de entre los escombros
y siguió lanzando piedras
desde su silla de ruedas.

Hoy le han quitado la vida.

–Cuida de los niños, le dijo a su mujer
antes de acudir a la manifestación.

Entre los botes de humo, Fadi
lanza una última piedra desde las
alambradas
y una bala explosiva le revienta el pecho.

Intifada,
conmoverse,
ser sacudido,
hacer temblar,

mientras queden
piedras.

Beatrice Bergamín

A mi primo Giuseppe

A la pequeña fadi Alwhidi

DIOS HA MUERTO, ALÁ HA MUERTO, HASHEM HA MUERTO, EL HOMBRE HA MUERTO, EL SIGLO XXI HA MUERTO

En todo esto Dios no pinta nada

Hubo una vez un siglo XXI

¿Habrá nada o algo peor?

Los buenos y los malos duermen juntos por los siglos de los siglos

a ras de cielo sobre la tierra santa

–¿qué tierra? –

No queda tierra ni cielo ni lugar sagrado en el que enterrarlos

ni al norte, ni en el centro, ni al sur: tú ya no existes

Los niños ocupan poco sitio

Las mujeres cosen sudarios blancos pequeñitos

Los hombres rezan su primera oración a las cuatro y media de la mañana

Los poetas vuelan por los aires

Las tiendas de campaña arden arden arden

Los médicos se desmayan

ni los hombres, ni las mujeres, ni los niños, ni los poetas, ni los médicos cierran las ventanas

–¿qué ventanas? –

Duermen despiertos con un trozo de madera apretado entre los dientes de arriba y los dientes de abajo duermen sin dormir, con la boca abierta, así evitan la dilatación de los pulmones después del estallido de la bomba

Los pulmones y el corazón explotan como un globito rojo

–¿qué corazón? –

Mi primo Giuseppe me envía un WhatsApp desde el centro de la franja: *E arriveranno i feriti per un altra giornata all´inferno. Baci dalla guerra.*

La niña fadi huye aferrada a un bote de leche en polvo, corre, tropieza, y dice palabras que no entiendo desmigajadas palabras agudísimas que nadie escucha

–¿Dios es nadie? –

Háblame al oído

Cántame una nana

Vísteme de blanco…

¿Qué puedo escribir yo sobre este tiempo? Ni siquiera Casandra hubiera sido capaz de predecir este infierno, y de haberlo hecho, ni tú, ni yo ni nadie, la hubiéramos creído. Nadie.

¿Cómo escribirá la historia esta historia?

Ni siquiera la lluvia tiene tantas vidas

Ojalá un nuevo niño brote de tu cara: Gaza.

se acabó

Amelie Blume

SIN COMPASIÓN

Escribo estas líneas mientras recibo la noticia de que en Gaza el virus de la poliomielitis ya ha sido detectado en las aguas residuales.

Ayer tomé la decisión de dejar de ver vídeos horribles en los que los pequeños cuerpecitos eran extraídos a trozos de entre los escombros, y justo por la noche soñé que una bomba atómica caía sobre Israel.

La bomba no era una bomba cualquiera pues mataba solo a las personas sin compasión. Es curioso, nadie sobrevivía. De hecho, la bomba explotaba en el aire gracias al escudo antimisiles que hay instalado como telón de acero en alguna parte del país, pero daba igual, sus efectos radiactivos pronto se extendieron por el territorio y las personas caían como moscas al instante. También los niños.

Se salvaban, eso sí, los recién nacidos, que en mi sueño, como es lógico, aún no habían sido educados en la falta de compasión hacia el prójimo –entendido el prójimo como el vecino desconocido más inmediato–.

No puede ser, me dices. No puede ser que te dé por soñar esas cosas.

Los sueños no mienten, te respondo.

Has estado viendo demasiadas imágenes negativas, me replicas.

Y yo callo, porque sé que tú también desearás secretamente algún día que todo acabe de una vez, que el sufrimiento no se extienda más, porque es insoportable, es insoportable el incendio de maldad que se ha desatado y que recorre el mundo.

¿Pero y qué harás con los recién nacidos?

Soñaré que un grupo de compasivos rescatistas entran en acción.

¿Y si la radiación se extiende sin control?

Sería lo más positivo que podría ocurrir.

Julio Castro Jiménez

AISHA

Tu abuela y yo nos bañábamos en este mar, pero de eso hace ya más de medio siglo. Ahora nos miran raro y nos señalan en otros lugares, pero nosotras veníamos aquí, casi niñas o no tanto, con bañadores que escandalizaban, pero que veíamos en algunas revistas. Si nuestro padre nos hubiese visto habría escupido al suelo y nos habría gritado, pero ya se ocupaba siempre la madre de decirle "son jóvenes, tienen que vivir, a ti qué más te da". "Los vecinos, los vecinos..." murmuraba por lo bajo. Pero no, ellos no venían, no era costumbre.

Las casas, las calles, sobre todo en la ciudad, lo recuerdo todo, pero el mar... escucha pequeña, escucha... ssshhhhásssss –silencio– ssshhhhhássss –silencio–. Una ola viene, y luego se retira, poco a poco, con calma vaga, como esperando a que las sigamos, nos invitan. Pero cuando ya se marcha y deja algunas burbujas de espuma blanca, llega otra y arrastra al final de la primera tierra adentro ¡ssssshhhhhássss! Y de repente viene una mayor y limpia casi hasta este muro de piedra, y yo la espero por si me lavara los pies. Los pies, y la memoria, y la tragedia, y los recuerdos de estas vidas, y de estas muertes.

Pequeña, tu abuela ya se fue, se la llevaron, y tu madre, y tu padre, y tus hermanos y hermanas: las barrieron, yo tenía una hermana, y ella tuvo cuatro hijas, pero ya no sé donde están, tu madre quizá en la fosa de Jan Yunis. Cuando aparecisteis entre los escombros, tu abuela y yo os sacamos, a ella la llevaron los hombres con otros amigos y vecinos, nosotras corrimos lejos, corrimos, por la noche, entre fuego que arreciaba. En esas noches de miedo recordaba el agua de este mar, sé que a lo lejos se sigue escuchando el estruendo, pero tú, tranquila, ahora todo ha pasado, solo escucha el mar, sssshhhhhásssss –silencio–.

Ayer, en Rafah, cuando entraban los carros y sus francotiradores, volvimos a correr y tu abuela, exhausta y contigo en brazos, me pidió que parásemos "hermana, no puedo más, espera, lleva a la niña a ver nuestro mar", me dijo unos pasos más atrás, justo antes de que la metralla la partiera en dos. Ya nada nos asusta, poco nos perturba, tomamos las cosas como vienen y a nuestra gente como se va. Somos herederos de los cananeos, llevamos comercio y agricultura y nos trajeron ocupación y expolio, llevamos paz y sufrimos sus guerras, también somos herederos de los árabes, llevamos ciencia, tecnología y medicina, literatura y poesía, y quemaron nuestro legado escrito y oral. Somos herederos de esta tierra, que ya no es nuestra, la tierra del olivo que transportamos por todo el Mediterráneo. Cuando vestíamos con las telas que comerciábamos o tejíamos, nos miraban con recelo y las anhelaban, mira ahora este lienzo blanco de lino que te envuelve, no está limpio, porque no queda más que sangre y carbón, pero aún nos rodeamos de lo nuestro, de nuestros recuerdos que casi se han borrado, nuestras telas que ahora nos venden, nuestros alimentos que ahora nos dan por caridad. Hemos recorrido más de medio mundo antiguo, sobre todo entre mares y arenas, aunque nos negarán incluso el polvo del desierto, o la arena de estas playas y de nuestro río. Pero tu escucha, la calma del pequeño recoveco que he hecho aquí para ti. Vamos bajando a la playa, quiero pisar la arena contigo en brazos, para que entiendas, para que sepas, para que seamos aún recuerdo. Nosotras que somos la sangre de la tierra, que nacemos con sangre y con sangre damos a la vida, estamos condenadas a perder la savia del olivo, la de la encina y la de los pinos, el zumo de la vid que nos dio de beber, la pulpa de la naranja que mantuvimos en los dos extremos del gran mar. Escucha. Nos vamos yendo. Mientras se acerca el fuego de la batalla, te depositaré entre las olas, entre nuestras olas, porque tu ya te marchaste ayer, con tu abuela, con mi hermana, y no voy a permitir que te mezclen en una fosa sin nombre, cuando el tuyo es de Viva, pequeña Aisha. Así que envuelta en este lienzo bien atado, te deslizarás en nuestro mar, y pronto estaremos todas juntas, mientras el enemigo no dejará de escupir al suelo, a nuestro suelo, que ahora es suyo, que atesoran, pero que no quieren, porque debajo se encuentran nuestros muertos. Durmiendo junto a los suyos. Sssshhhhhásssss... sssshhhhhásssss –ya no hay silencio–.

Ozkar Galán

Establecimiento kosher cerca de la franja de Gaza. Niños palestinos de distinto peso están expuestos en el escaparate. Hay una bandeja de casquería en oferta. Varias fotos muestran cadáveres con la leyenda "Duty free". Ahasverus con un ridículo uniforme y gorra de vistosos colores, recibe tras un mostrador. Entra la Conciencia Colectiva al establecimiento.

AHASVERUS– Bienvenido a GazzaHut, la cadena de genocidio rápido más eficiente del momento. ¿Es su primera vez? Déjese asesorar. En primero lugar quiero asegurarle que todo lo que servimos en nuestros establecimientos es de primera calidad y kosher. La base de todo lo que servimos es una fusión de conocimientos culinarios británicos, egipcios y judíos con una materia prima estrictamente terrorista que nuestros agricultores y ganaderos recolectan día a día en la franja de Gaza. No estamos en temporada así que algunos de los productos son susceptibles de venir de nuestras granjas de refugiados, pero sepa que no nacen allí, nacen en su entorno natural y cuando están a punto de madurar, los guiamos a las granjas donde finalmente son sacrificados. Las carnes que servimos son fresquísimas y tienen denominación de origen palestino, que es una marca que comercializamos y no un país; esto último es muy importante. Algunos imitadores o falsificadores hablan de Palestina como país y no es cierto. Palestina nunca ha existido, pero no nos vayamos por las ramas que se empieza a hablar de la tierra prometida y se termina por mencionar a Arafat. Nuestra oferta se divide en entrantes, platos individuales o menú burguer con sus complementos correspondientes. Como entrantes tenemos el acoso y derribo, la gestión de leyes que apoyen cada uno de nuestros movimientos que se sirven con vegetales a los que, cortesía de la casa, el cliente puede dar el tiro de gracia; los platos individuales tienen que ver con ataques con arma de fuego, técnicas nazis y asesinatos selectivos de las mejores viñas. Nuestro origen tiene que ver con el genocidio nazi, quién mejor que nosotros para continuar la tradición, en este caso, desde una posición más cómoda.

Los menú burguer son infantiles, normalmente carne picada entre amasijos que se sirve con abundante odio y sin repercusiones internacionales. Realmente tenemos fuera de carta palestino lechal de ración, para chuparse los dedos y si es para compartir, tenemos púber recental, menos jugoso porque hay que pasarlo un par de veces más que el lechal para que genere impacto, pero igual de sabroso.

Conciencia– ¿Se da cuenta de que está cometiendo y admitiendo un genocidio?

Ahasverus– ¡Alabado sea Dios, la Conciencia Colectiva! ¡No le había reconocido! Por cierto, no había tenido la oportunidad de darle la enhorabuena por el éxito de sus pesquisas durante la segunda guerra mundial. Terezine, la ciudad regalada a los Judíos, así se hace. Si no va usted a morder, no muestre los dientes. Éste es un establecimiento legal y honorable, señor mío. En este establecimiento comen varios países de oriente medio, al menos una decena de empresas público privadas estadounidenses, nuestros fundadores, Reino Unido, tienen bono y su tocaya, la conciencia internacional, está tan a tantas cosas sin estar en ninguna... según la prensa hay al menos 30.000 muertos, 14.000 de ellos niños. Una media de diez niños al día sufren una amputación de sus miembros, cada día mueren de forma selectiva decenas de personas, no hay una salida no hay una intención de resolver el conflicto. En caso de duda argumentamos ¡Alerta Yihad! y punto pelota. Podríamos servir fetos con pan challah y solo seríamos portada por una semana. Menos, si hay fútbol.

CONCIENCIA– No sé qué decir, no tengo todos los datos.

AHASVERUS– Eso es lo bueno, por eso tenemos éxito, porque no sabes qué decir. Por eso podemos servir todo esto gratis. Increíble ¿verdad?

CONCIENCIA– Pero podría informarme.

AHASVERUS– Naturalmente ¡Mira! ¡España campeona de Europa! Bravo por Kunta Kinte y Omar Sharif.

CONCIENCIA– Niko Williams y Lamine Yamal.

AHASVERUS– De esos sí que tienes los datos. ¿De qué te lamentas por los demás si puedes ser feliz por ti? Anda, céntrate, campeón.

CONCIENCIA– ¡Campeones, campeones, oeoeoe!

AHASVERUS– Mañana se hablará de fútbol. Mañana, siempre se habla de fútbol.

Esmeralda Gómez

LA ÚLTIMA NOCHE

En el cielo sucio de polvo y ceniza relumbran las bombas, con colores brillantes de muerte, como si solo fueran estrellas fugaces. En medio de los escombros está Nour, de quince años, esperando. Llega un chico de edad similar. Es Khalil.

Khalil– *(En susurros)* ¿Nour? Nour... ¿Dónde estás?

Nour– Aquí. ¿Por qué has tardado tanto?

Khalil– Mi madre no me dejaba salir de la tienda. He tenido que esperar hasta que se ha quedado dormida.

Nour– Creí que te habías acobardado...

Khalil– ¿Por qué dices tonterías?

Nour– Porque no te gustan las armas, siempre te has escondido en los tiroteos.

Khalil– Eso es prudencia, no cobardía.

Nour– Lo sé. Por eso necesito que esta noche no tengas miedo.

Khalil– No lo tengo.

Nour– ¿Estás seguro?

Khalil– ¡Claro que lo estoy! Pero, ¿a ti qué te pasa? ¿Por qué me has traído aquí? Es muy tarde, si mi madre se despierta y no estoy en la tienda va a empezar a dar voces...

Nour– Ven, quiero enseñarte una cosa...

Khalil– ¿El qué?

Nour– Tú confía en mí.

Khalil– Estás muy rara. ¿Por qué no llevas el velo?

Nour– Porque no quiero. Y porque ya nada importa...

Khalil– No me gusta lo que dices, ni estar lejos de los demás a estas horas...

Nour– ¡Shhh! Silencio, no puedes hacer ruido. Mira...

Khalil– ¿Qué?

Nour– Los soldados.

Khalil– Son los judíos. Están ahí mismo...

Nour– Esta noche moriremos. Van a bombardear las tiendas o a prenderles fuego.

Khalil– Hay... hay que... hay que avisar al resto, tenemos que avisar a los mayores, ponernos a cubierto. Intentar evacuar...

Nour– Es tarde.

Khalil– No es tarde. Será tarde si nos quedamos aquí... Tenemos que poner a salvo al resto... Corre... ¡Vamos! ¿Por qué no te mueves?

Nour– Estamos rodeados. Llevan horas con su asedio silencioso. Nadie podrá escapar.

Khalil– Quédate tú si quieres, yo voy a avisar a mi madre. Y a la tuya. A tus hermanos, a mi abuelo, a todo el campamento... ¡Algo podremos hacer!

Nour– ¡Sí! Podemos hacer algo. Una cosa que nunca hemos hecho y que no podrá suceder mañana ni ningún otro día, porque este es el fin de nuestro tiempo en la tierra.

Nour se quita la chaqueta, la camiseta, los pantalones y se queda en ropa interior.

Nour– Estoy sucia y seguro que huelo mal. Intento lavarme como puedo pero ya sabes... Eres mi mejor amigo y de niños jugábamos al matrimonio. ¿Te acuerdas?

Khalil– Sí...

Nour– Ven, acércate.

Khalil se acerca. Nour le quita la camiseta.

Khalil– ¿Estás segura?

Nour– Tanto como de que voy a morir esta noche.

Khalil y Nour se abrazan, se besan, se aman torpemente bajo el sonido de las bombas. Estalla un artefacto. Tras el estruendo, el silencio. Oscuro.

Antonio Corrales

QUERENCIAS CARENCIAS

Veis escombros que fueron paisajes.
Pero además son momentos,
hubo otros mejores, aunque siempre mejorables.

El batiburrillo:
Quiero paz y tranquilidad, conexión con la naturaleza,
con la luz de la naturaleza y con su penumbra.
Involución, regreso al bosque, reflexión sin religión.
Con el amor fraternal y el mito de la convivencia.

Y también la soledad.
Y lo Otro.

La búsqueda, la estabilidad, el lugar.
La densidad de las cosas, la duración.

Nada que olvidar. Mis olivos...
¡Cómo no rendirse!
Nada se puede contra la brutalidad de los prepotentes.

Pausa. Callad.

Contacto con el Uno.

Respirar, recordar, soñar, saborear.
Mirar y ver. Evocaciones.
Niebla. Silencio.

También la culpa,
el perdón
... o no.

Mi formidable paciencia consumió mi asignación de tiempo.
Peor que sufrir es acostumbrarse a ello.
La desidia te coloniza.

Te acabas,

Y se acaba el dolor al ausentarse la vida,
aunque se resiste a irse,
es la viscosidad de la existencia.

Comeré la fruta del olvido antes de marchar y los recuerdos dejarán de serlo.

Quién sabe...

Son imágenes, para imaginar, como su propio nombre indica.

Francisco de los Ríos

EL ACUERDO

Un par de hombres entran en un almacén enorme donde solo hay un archivador.

CLIENTE– Entonces… ¿me asegura que no quedará nadie?

VENDEDOR– Nuestra empresa le asegura un exterminio del 87% de la población. Ahora mismo, no hay nadie que pueda garantizarle por escrito un porcentaje tan elevado de eficacia. Se lo puedo asegurar.

CLIENTE– Lo que más nos preocupa, lógicamente, es la respuesta internacional.

VENDEDOR– Terrorismo, señor. Esa es la clave. Repitan ustedes una y otra vez que son terroristas. Hasta que se cansen.

CLIENTE– Bueno, en realidad, no son estrictamente terroristas. Es solo que ocupan un espacio que nos vendría muy bien tener, pero ellos insisten en que es suyo.

VENDEDOR– ¿Y a quién le importa la verdad? ¿A usted le importa? Porque a mí no. No los conozco. Cuando tengo cucarachas en mi casa no me preocupo por si tienen familia. Las extermino y punto. Hágame caso: terrorismo. Esa es la clave para que nadie se atreva a acusarles de nada.

CLIENTE– Sí, supongo que podríamos decir que parte de ellos son terroristas.

VENDEDOR– Todos. Hágame caso. ¿Las mujeres? Madres de terroristas, esposas de terroristas. ¿Los niños? Futuros terroristas. ¿Los hombres? Terroristas todos. Quería enseñarle algo. *(Abre el archivador y saca una carpeta con fotografías).* Espantosas, ¿verdad?

CLIENTE– Son horribles, sí. ¿De dónde son?

VENDEDOR– Entre usted y yo, no tengo ni idea. Ya estaban aquí cuando yo entré a trabajar en la empresa. Estas serán las fotografías que usaremos para justificar el exterminio.

CLIENTE– Pero estas personas no son…

VENDEDOR– Como se nota que es usted nuevo en esto. Llevamos usando estas fotografías para justificar ataques desde hace años. No fallan. Son tan horribles que nadie recuerda los detalles de la foto. Este niño despedazado lo hemos utilizado, al menos, siete veces. En cuanto lo vean en la televisión de su país todos querrán exterminar a esos hijos de puta terroristas. Recuerde: es muy importante que insistan una y otra vez en la misma mentira. Todos y en todas partes. Entonces… ¿qué me dice? ¿Tenemos un acuerdo?

El Cliente mira las fotografías. Se las entrega al Vendedor.

CLIENTE– ¿Seguro que funcionará?

VENDEDOR– En Gaza está funcionando a la perfección.

Ambos se dan la mano y salen del almacén.

Francisco Ramírez López

KHALILA HAMEMA

(Mujer de la Franja de Gaza)

Gaza, 21 de octubre de 2023.

Nos condenan al hambre. Bloqueo israelí. Ruinas e intemperie. La harina se ha acabado. Y el aceite. Y las lentejas. Y el azúcar. El llanto, no. La desesperación, no. El miedo, no. Ni la sed ni la sangre abierta ni el hambre de cerrar los ojos y oler a pan nuevo sin que muerda otra explosión o se ensucie la herida. No llegan ayudas ni palabras de seda. El ejército israelí ruge y con sus piedras apunta al corazón más débil. Cuál es el camino. Hacia dónde el grito o la huida. A quién rezo esta mañana de octubre. A quién culpo. A quién lloro con mi boca. A quién apedreo con mis ojos de escombros. Qué aire respiro en esta Franja de Gaza. Así fue en 2008 y en 2014. Lo mismo que ayer. Las mismas grietas. Las mismas hebras de espanto. El mismo arrebato sobre el cielo. La harina se ha acabado. Y el agua. Y el aceite. La paz se ha oscurecido y arde entre las llamas. Otra vez llegan los hilos del sudario. Y otra vez se derraman espinas y amapolas. Crece la desesperación y arden las nubes. La crueldad despliega cristales en sus ramas. Y el desprecio afila, entre heridas, los bordes de su lengua. Israel sonríe y Gaza llora. Las dos preparan el lienzo de su luto. Jehová o Yahvé nos arroja al Antiguo Testamento. Nos viste de dolor. Nos siembra grietas en cada trozo de carne y a pedradas nos rompe los cántaros del vientre. Otra vez nos esperan los hilos del sudario. Y otra vez se derraman espinas y amapolas.

A Khalila Hamema la visita el ángel de las lágrimas y le regala hilvanes de harina, filamentos de azúcar, siete gotas de aceite y tres oscuras hebras de esperanza marchita. No es un milagro ni es falta de cordura. Es tan solo un conjuro, una oración de fe y arena blanca para alejarse de las calles destruidas, de los ni-

ños traspasados, de la lágrima enquistada, de la culpa o la inocencia, de lo que asciende a la herida, de lo que el silencio nombra y, a veces, hasta fractura en el borde de la fe o de las balas.

Gaza, 21 de octubre de 2023.

Otra vez a Khalila Hamema la visita el ángel de las lágrimas. En sus manos, el blanco olor de una azucena. Bajo sus pies, una alfombra de espinas y amapolas.

Juan Mairena

BAJO LOS ESCOMBROS

Sobre una montaña de escombros, dos jóvenes contemplan una ciudad devastada por las bombas. Uno está de pie, el otro sentado.

FARID

¿Qué se esconde bajo los escombros?

MOAD

El horror se esconde.

FARID

No, no es el horror.

MOAD

¿Qué se esconde bajo los escombros?

FARID

La belleza se esconde.

MOAD

¿Y el horror, Farid? ¿El horror… dónde se esconde?

FARID

¿Tampoco tú lo ves, Moad?

MOAD

¿Dónde?

FARID

(Tras un segundo en silencio). En el corazón de los hombres.

Los dos se miran por un instante. Luego vuelven a contemplar la ciudad en ruinas.

Telón lento… y final.

Áurea Martínez Fresno

Soy un habitante de la desolación. Destejido el antiguo tapiz persa, qué hacer.

Mi ser se derrama y desperdiga en la nada.

Se desgrana la vida y los recuerdos me escupen a los ojos.

Enceguecí.

Detente, pie derecho. Ni un paso más, pie izquierdo. Dónde creéis que vais.

Ojos de fiera miran la destrucción. El dolor incrustado en el hígado supura bilis.

Hacia dónde mirar. Desde dónde.

Se esfumó el punto de fuga.

Remonto un terraplén de escombros. Trepo por montones de nada.

El horizonte también ha desaparecido. Por dónde sale el sol. Ya no sale.

Todo es tiniebla. Solo vedijas de fantasmas quedan prendidas en las ruinas.

Los pájaros también se han ido.

De entre hirientes cascotes, con un traspié, sale rodando una canica de vidrio. La recojo. Su amigable tacto me conmueve. Me aferro a ella. Grito hasta desgañitarme.

Vamos, sigue. Un paso. Otro. Adelante. Calla corazón. No golpees tú también. Resiste. Ayúdame. He de hacerlo. Aunque me odiaré por ello.

Nasrín... ¿Me odiarás tú también? El recuerdo de tus ojos de ayer viene a mí y me aprisiona hasta que sangro. No volverán a brillar.

Ayer soñé.

El jardín había recuperado su olor.

Hambrienta mentira.

Se asfixiaron los motivos. El aire se rompió.

Para beber, solo el propio sudor, que también se agota.

Ya no sueño.

Todo un pasado por delante.

El futuro a la espalda.

Hoy no sé

Hoy no soy

¿Qué es este frío que quema?

La voy a aniquilar. Un mazo me golpea el pecho. Pum-pum... pum-pum; saca el veneno de tu mente, pum-pum...; sé valiente, pum-pum, pum-pum, enloquece corazón sin remedio, pum-pum-pum, ¡un latido que retruene en la sequía de humanidad!, pumpumpum-pumpumpum, madre tierra, déjame escuchar tu pálpito, pumpum-pumpum, cálmame, pumpum-pumpum, dame fuerza, pumpum-pumpum... Tomo aliento... Aparto la tela y entro al refugio.

– *¿Encontraste agua?* Me pregunta Nasrín.

– *Nasrín*... Digo en un temblor.

Nasrín lo percibe y me mira. Mis labios se comprimen, retroceden como las olas tras romper en tierra, forcejean contra el aliento donde flotan las palabras asesinas... que finalmente escapan de mi boca.

–*Anaan, nuestra pequeña...*

Nasrín cierra los ojos. Me maldigo. Puedo oír el crujido de su alma aniquilada, deshabitada más allá del dolor. Sus aterrorizados ojos, ya solo miran hacia dentro.

No puede llorar.

Está seca.

Para siempre.

Antonio Miguel Morales

CHECKPOINT 300

En Belén, un hombre y una mujer solos, entre la marabunta.

HOMBRE Por favor, déjennos pasar.

POLICÍA Échese a un lado. ¿Para qué quiere cruzar?

HOMBRE Voy a trabajar...

POLICÍA ¿Y esa zorra?

HOMBRE No le hable así, es mi mujer.

POLICÍA Bien preñada que la tienes a la zorra...

XX

La mujer y el hombre, fuegos fatuos entre la urgencia de la multitud, alcanzan a pasar. De repente, unos militares los abordan bruscamente y los arrastran al interior de un *jeep.*

Desaparecen.

Un grupo de soldados mira un vídeo en un teléfono.

- *Se ha hecho viral, dice uno de ellos mientras baila.*

Los soldados cantan y bailan al ritmo de Manny Mantela, e intentan que el público, que hace cola ante el checkpoint 300, baile con ellos.

En una pantalla, un reto de TIK-TOK: en él se puede ver a la mujer embarazada y a su marido. Ambos, con los ojos vendados, son expuestos en la red social mientras los soldados ríen. Bajan del coche y uno de los soldados sale con ellos. Otro soldado lo filma todo desde la ventanilla. Plano secuencia en TIK-TOK: el soldado tacha con un espray negro –una X gigante– el vientre de la mujer embarazada.

Suenan sirenas y todos parten, al olor de la sangre.

Belén, tras las sirenas, es un silencio hendido entre plegarias.

X

La mujer embarazada se arrodilla.

El hombre, que camina tras ella, trae en sus manos una cuna: la coloca en el centro del mundo.

Él, ella, y un nido vacío en el centro del mundo.

El hombre extrae del nido vacío un espray negro.

El hombre tacha el nido vacío con una **X.**

Una paloma blanca sobrevuela la escena, pero nadie la ve.

Diego Palacio Enríquez

POLVO MARRÓN SOBRE LAS BOTAS

Erick mirando fijamente una taza de acero llena de golpes en su mano, con un mosquetón en el asa. Echa muy poco agua. Abre un sobre de café soluble, lo hecha y comienza a darle vueltas con una cucharita.

Silencio. Sigue removiendo. Del bolsillo del chaleco saca un sobre de azúcar. Lo abre con los dientes y lo vierte. Sigue removiendo hasta que se hace una pequeña crema. Se acerca la taza a la nariz. Aspira. Coge un poco más de agua caliente y la agrega, poco a poco, cuidadosamente. Del mismo bolsillo de antes saca otro sobre de azúcar. Lo abre con los dientes y lo vierte intentando no dejar de dar vueltas. Apoya la taza encima de un ladrillo que sobresale entre todos los escombros. Sin dejar de remover echa el final del agua caliente hasta el borde de la taza metálica.

Coge la taza, se sienta apoyando su espalda en la única pared lisa sin boquetes. A su lado un bulto tapado con una manta del que solo sobresalen unas botas. Él se llamaba...

Se quita el pañuelo que cubre boca y nariz.

ERICK

No está suficientemente caliente. No quema las manos, pero algo calienta.

(Oliendo la taza) Café. *(Prueba la bebida, apenas un sorbo, cara de desagrado, saca otro sobre de azúcar y lo mezcla).* Llamar bebida a esto es un insulto. "Café soluble", estamos de acuerdo en lo de soluble. Pero en poco más.

Al menos está caliente. Algo reconfortará. (*Se inclina hacia el cuerpo tapado con una manta. Del suelo recoge un vaso de cristal roto pero que aún puede albergar líquido. Lo mira, lo sacude y con cuidado echa en él unos dedos del café de su taza. Lo mira unos instantes. Lo deposita sobre el pecho del cuerpo tapado).*

Me gustaría invitarte a una bebida mejor. Un café de esos que llenan la casa de olor a recién hecho. Con una taza bonita y grande, mientras el sol entra por la ventana y nos reímos de... chistes absurdos. De cuando íbamos al colegio. De cuando besamos a aquellas chicas. O de cuando decidimos que teníamos que coger un arma sin apenas pensarlo.

Se escuchan explosiones a lo lejos *(Da un sorbo de café)* Malditas raciones de comida militar autosuficiente, ningún bando las tiene buenas. (*Pausa*). Las explosiones se acercan. (*Respira, se pone de pie, choca su taza con el vaso de cristal sobre el cuerpo, coge el vaso, lo mira y derrama lentamente su contenido al suelo, terminada la libación del cadáver, coge su taza y se bebe el café lentamente sin apenas pausa).*

Ahora tengo manchas marrones sobre las botas. Tengo que dejarte aquí, lo siento, no puedo llevarte. Las explosiones se acercan. Tengo que irme. Este fue nuestro último café. Lamento que fuera una bebida tan mala. Dejar todo atrás. Solo continuar. Dejarlo todo. Continuar. Te quiero, hermano.

Enrique Torres Infantes

Israel. Hamás. Israel. Hamás. Palestina... Hamás, creado, y financiado por el gobierno israelí. Estrategia: Idea única. Único Símbolo. Único enemigo. Que cargue con nuestros errores. Si no podemos negar, inventamos. Las mínimas noticias del enemigo serán amenazas. Nuestro mensaje lo entenderán hasta los más tontos, esos con facilidad para olvidar, pocas ideas, repetidas muchas veces. Inventamos argumentos contra sus argumentos. Los nuestros tienen que pensar igual.

Colocan hombres, mujeres y niños como escudos. Matan a los nuestros, se llevan rehenes, los torturan, violan y mantienen en condiciones inhumanas. ¿Palestina miembro de la ONU?: EEUU lo vetará, siempre. El fiscal jefe de la Corte Penal Internacional solicita la detención de los máximos responsables políticos y militares del gobierno de Israel y del grupo islamista Hamás: El presidente de EEUU considera escandalosa la decisión. Seguirá siendo nuestro principal proveedor de armas. Sudáfrica denuncia a Israel por genocidio ante la Corte internacional de Justicia, tribunal de la ONU: EEUU no lo ratificará. Entreguen a los rehenes o cada ataque será más terrible.

Ruido de fondo, eco que viene y va, cifras de muertos, estadísticas anestesiadas, rumor de terrores distantes. Miles de muertos. Miles de heridos. Miles de desaparecidos, la mayoría mujeres y niños. Las cifras siguen aumentando. Supervivientes de Auschwitz condenan las matanzas, condenan la ocupación, condenan a EEUU por financiar los ataques, condenan a los países que ofrecen protección diplomática. Gaza es un campo de exterminio. Bombardean refugios, viviendas, hospitales, universidades, escuelas. No hay electricidad. El agua está contaminada y no es apta para consumo humano. El sistema de saneamiento no funciona. Las aguas residuales vierten en el mar, huele muy mal y es de color marrón. El hambre es un arma de guerra.

La selección natural da paso a los diseños de inteligencia artificial. ¿Y si a algunos líderes políticos se les ha anulado la conciencia y la empatía? Para fortalecer su sadismo y psicopatía. ¿Y si los nanobots circulan por sus venas anulando cualquier reflujo de piedad y conciencia? El mar, ese que fue horizonte de libertad ni se puede oler, ni se puede mirar. Las heces flotan sobre la espuma marrón. Gaza: campo de exterminio. Mapa de cicatrices. La memoria, una burbuja vacía que estalla. Hoy son inútiles los mensajeros de tragedias, sus ecos se pierden entre piedras y escombros, rebotan contra un silencio muy cruel. La sordera política abre las puertas a los que especulan con las guerras. Las armas son el gran negocio. Gaza ha sido, durante años, un laboratorio perfecto. Allí las armas israelíes consiguen su "certificado de calidad" internacional. Ahora están probando los nuevos misiles Spike. La información, oráculo de verdades donde todos podemos encontrar la que necesitamos. Se han conmemorado cien años de la muerte de Kafka. La biblioteca Nacional de Israel posee su legado. Judith Butler en su artículo: ¿A quién le pertenece Kafka?, recupera una carta a Milena: ... alguna vez quisiera meterlos a todos como judíos (incluyéndome) en el cajón de un baúl de ropa sucia, luego esperar, luego abrir el cajón un poco, para ver si ya se ha sofocado todos, si no, cerrar el cajón nuevamente y así sucesivamente hasta el final. Kafkiano fue que el fascismo nazi redujera a cenizas sus libros, en 1933. Kafkiano fue que en 1943, su hermana pequeña, muriese incinerada en el campo de exterminio de Auschwitz. Kafkiano sería que los derechos de sus obras financiaran el genocidio.

Maxi de Diego

SOY MILITAR DE ALTA GRADUACIÓN

MILITAR: *(Inicialmente mira al público con altanería, pero esta actitud se irá transformando).* Aquí donde me ven, soy un militar de alta graduación. Quien me da voz manipulándome no sabe exactamente si general, comandante, capitán... Este autor es un inepto... bastaría con... Me rebelo contra él, quiere hacerme decir algo que yo no puedo decir porque soy un militar de alta graduación. *(Pausa. Mientras se compone el uniforme).* Hoy, el desfile militar no me ha gustado. Tengo que decirlo, así, con rotundidad. Tanta euforia, tanta elegancia, tanto brillo, todo parecía exultante. Y mientras, otro ejército, amigo, el de Israel, masacraba a la población palestina, una vez más. Los militares de aquel país dicen que está justificado por el ataque previo del ejército oponente también con víctimas civiles. Pero la respuesta está siendo demasiado cruel, bombardeos destruyendo la Franja de Gaza, sin luz, con los hospitales destruidos, sin recursos, sin comida, sin agua, sin escapatoria... Niños, niñas..., miles de muertos, ¿qué culpa tienen? Los ejércitos ofreciendo sin pudor su cara más real. Su desprecio a la vida humana, a su dignidad. Y paralelamente nuestro ejército en su desfile anual... tan brillante, tan lucido de rey, de reina, de princesa y de políticos y políticas tan elegantes. Nuestros poderosos aviones haciendo acrobacias en el cielo como si no pasara nada. Soldados, hombres y mujeres, desfilando con ese aire marcial que, hoy, me ha resultado improcedente. Lo digo con sinceridad: no he podido dejar de sentir miedo. Miedo del ser humano, de su insensibilidad, de su aberrante indiferencia. Miedo de mi inferioridad ante ese escritor frustrado. "Tengo envidia de los muertos", ha dicho un traductor gazatí en la televisión por el horror causado por el ejército mejor dotado y más apoyado. *(Pausa).* Pero yo no puedo estar diciendo esto. Ustedes lo saben. Yo soy un militar de alta graduación. De muy alta, aunque ese dramaturgo insignificante no lo sepa. Reconozco que ese estúpido me está haciendo dudar. ¿Es mi voz o es la suya? ¿Puedo yo sufrir de esta manera por otra guerra más? ¿Por el sufrimiento, el mismo, que todas las guerras provocan? ¿O es que quiere ridiculizarme, desprestigiarme...? ¿Puedo tambalearme por un genocidio? Me está empezando a angustiar esta duda. ¿Tienen razón cuando dicen que el militarismo no es la solución? ¿Que el dolor y la destrucción que producen nunca termina? Me gustaría tener delante a este escritor, por llamarle de alguna manera. Le preguntaría por qué me hace esto. Sabe que no puede ser real. No puede suceder que yo, un militar de alta graduación, me arrepienta de pertenecer al bando ganador, al poderoso ejército occidental, a la gran alianza atlántica, baluarte de los valores democráticos frente a tiranías y violación de derechos fundamentales. *(Pausa).* ¿Por qué lo digo así, sin ganas? ¿Es que no me lo creo? ¿Por qué, ahora, me vienen a la cabeza nuestros negocios armados con dictaduras como Arabia Saudí? O con estados opresores y bárbaros como el mismo Israel. ¿Por qué? No quiero pensar así. No quiero. *(Grita, desesperado).* ¡Déjame en paz, maldito escritor! *(Pausa).* ¿O debo terminar pidiendo perdón? *(Lanza lejos y con rabia su sombrero militar y empieza a desabrocharse el uniforme muy despacio, con expresión dolorida... hasta que el director o la directora de la representación considere oportuno).*

Carmen Abizanda

ESPEJOS EN EL AGUA

Espacio vacío. Una joven graba con un móvil antiguo. Una anciana la acompaña.

Anciana– Creo que unos judíos... Dos... Podían ser dos... Sí, dos judíos... ¿Estás grabando?... Te digo que fueron dos... Se escuchaban los gritos que salían de la casa. Dentro estaba mi hermana. Era su voz. Yo pude escapar. Luego me reuní con vosotros. Acababan de atacar al último convoy humanitario que llegó al pueblo.

Salwa– *(Hablando a la cámara del móvil)* Dalil, te veo en el espejo. Refleja tu imagen. Te veo en los espejos naturales que conforma el agua o en los espejos de cristal ante los que paso y que hacen que mis pies sangren. A través de los caminos que yo y mi familia tomamos. El miedo no es más que extraviar una brújula que guardábamos escondida en un bolsillo secreto. Sé que ahora estás con tu familia. Sé que somos un pueblo sin tierra que camina hacia la extinción. Tengo miedo de que los espejos de mi memoria se olviden de ti, que ya no recuerden tu rostro. Intento caminar sin detenerme. Cada vez es más difícil. Caminamos entre bombas que acaban de explotar. Como perseguidos por una melodía imposible. Delante y detrás gentes como nosotros que huyen del ejército israelí. Tengo miedo de las bombas. No quiero morir. Siento sus detonaciones contra el suelo de tierra. Se han convertido en la siniestra música de mi vida. Escucho también el sonido de los que caen. A veces lejos, otras demasiado cerca. Es una suerte. A veces uno casi se alegra de no ser la víctima. Gaza 2024. Nadie pensaba que el ser humano fuese capaz de tanta violencia, de tanto dolor, como quien pinta un cuadro y coloca mucha sangre en el centro y el eco de esa sangre se extiende a los márgenes. Hay cadáveres que se reconocen y hay cadáveres que nadie mira.

Anciana– ¿Estás grabando? Salwa, hablo contigo. ¿Duermes? Tienes miedo. Sólo queremos de verdad a quien sabemos que podemos perder. Os encontraréis. Yo habré desaparecido, pero os mandaré la luz de Alá.

Salwa– Gaza, 2024. Estoy grabando abuela. Voy a quedarme atrás. Voy a tratar de regresar. Tengo

20 años y no quiero vivir lejos de Dalil. Tú lo conociste. Mi joven amigo como lo llamabas. Tú si puedes comprender. Demasiadas guerras, demasiadas palabras que hablan de violencia y de miedo. Es lo mismo. Empiezo a comprender. La violencia también nace del miedo. Continúa con mis padres y mis hermanos. Guárdame el secreto hasta que pase la noche. Voy a encontrar a Dalil. Tengo menos miedo de las bombas que de renunciar al amor. Este pueblo sin tierra necesita gente que se rebele contra la opresión. El amor es la forma más bella de rebelión. Siento perderte, abuela, como quien pierde un libro antiguo y valioso que lo recoge todo sobre uno. Como quien pierde un tesoro que siempre abraza, que acoge tu corazón y tu dignidad. Tal vez cuando todo esto pase Dalil y yo podremos encontrarnos con vosotros. O tal vez no. Seguramente no. *(Silencio).* Guarda este móvil y destrúyelo si tienes noticias de mi muerte o si tu vida está en peligro. Ahora sólo queda el presente. *(Sale Salwa).*

Jaime Chabaud

VAMOS A JUGAR

En la penumbra del sótano, ABLA gatea subiendo y bajando escombros. Comandante HAKIM tiene encendido su motor, no lo vemos.

ABLA – ¿Usted si logra ver algo, Comandante Hakim? Yo no. Desde la explosión no encuentro a Basima y eso que nunca se separa de mí. ¿Será que ya no me quiere? Está muy pero muy oscuro. ¿Comandante Hakim? Hábleme que esto me da susto. Basima siempre me aprieta muy fuerte cuando vienen del cielo... Ella nunca me suelta... ¿Sí, me entiende? Comandante Hakim, yo lo escucho a usted... ¿Se quedó sordito con el estruendo? Eso dicen los papás y los tíos de Basima que pasa con los estallidos. Que se rompen los tímpanos pero yo creo que nosotros no tenemos tímpanos... También que se estallan las vísceras por dentro y los huesos... Tampoco creo que me haya pasado... Mire, yo me puedo levantar...

HAKIM – Sesenta y cuatro, cuatrocientos, ocho y dieciséis...

ABLA – ¿Sí, se da cuenta que cuando no contesta se vuelve odioso?

HAKIM – Negativa la localización de mi amo Yassir nueve años.

Abla – ¿Por qué siempre le dice Yassir nueve años? Sólo se llama Yassir...

Hakim sale de la penumbra rugiendo, es un cochecito militar de control remoto con un oficial adosado a la estructura.

Hakim – Señorita Abala de Basima, porque el general Yassir nueve años tiene ese rango militar: nueve años... Es el jefe supremo.

Abla – ¿Y por qué me dices Abala de Basima?

Hakim – Señorita Abala de Basima es una sola con su ama... *(Duda.)* O generala... Su superiora... *(Se espanta cuando ve el aspecto de la muñeca.)* ¡Señorita Abala de Basima, sus ojos! Con razón no ve...

Abla – ¿Qué pasa con mis ojos?

Hakim encuentra un ojo y se lo pone.

Hakim – No se preocupe, ahora encontramos el otro en este campo de batalla.

Abla – ¿Me ayuda mejor a buscar a Basima? Nunca debo separarme de ella?

Hakim – Afirmativo, por allá vi uno de sus brazos...

Los juguetes se ponen en marcha. Oscuro lento.

Deborah Vukusic

SALAAM

Y aunque insistáis, oh, pueblo de Israel:
"El Señor es injusto",
os juzgaré a cada uno de vosotros de acuerdo a vuestras acciones.
Ezequiel 33:20

Cuando estaba estudiando en la Escuela de Arte Dramático a principios del nuevo milenio, era joven y todo era arte y el mundo era un escenario de posibilidades y de esperanzas y entonces llegó la guerra.

Estábamos desconcertados, no entendíamos lo que pasaba y eso que era una guerra lejana, probablemente no llegaría nunca a alcanzar nuestras fronteras, tan solo (que ya es terrible) era una declaración abierta... pero la sola posibilidad de ser partícipes de aquellos tres títeres de países diferentes, de aquellos cabalistas del poder, de aquellos perros aliados en la busca de "armas de destrucción masiva" (armas que nunca se encontraron), nos hacía temblar. Nos hacía reconocernos como humanos sensibles ante la barbarie.

Coincidió que en aquella época en alguna acrobacia, me había roto la rodilla y caminaba con muletas. Yo que siempre había disfrutado de la danza y de la libertad de movimiento me sentía impedida, acorralada. Un pajarito malherido en su propia jaula. Un poco como estaba el país, atónito, sensible, iracundo.

Pero afloró un sentimiento de conciencia hermosa, de hermanamiento, de esperanza, al unirnos en un gran grito colectivo con un "No a la guerra", que invadió las calles de todas las ciudades y los pueblos. Autobuses recorrieron la geografía para manifestar su inconformidad y unirse en Madrid. En aquel entonces un compañero de la escuela, mi amigo Nadav, judío israelí, nos enseñó una canción que cantaban los jóvenes en su tierra, una canción en hebreo con el estribillo en árabe* y que hermanaba ambos pueblos bajo un mismo deseo de paz. Esa canción se convirtió en nuestra banda sonora y en mi canción preferida para acompañar el ritmo yámbico de mis muletas durante las cinco horas que duró la marcha.

Yavo' shalom aleinu.	Vendrá, la paz, sobre nosotros.
Od yavo' shalom aleinu.	Ya vendrá, la paz, sobre nosotros.
Od yavo' shalom aleinu	Ya vendrá, la paz, sobre nosotros
Ve'al kulam.	Y sobre todo el mundo.
Salaam! Salaam!*	¡Paz! ¡Paz!

Aleinu ve'al kol ha olam	¡Sobre nosotros y sobre el mundo entero
Salaam, Salaam! *	la paz, la paz!

Hoy, veinte años más tarde, estoy en la misma situación, con el menisco tocado (el cuerpo tiene memoria), el paso de mi danza no es *legato* sino *staccato* y la emoción imperante igual de angustiosa. Cambian los protagonistas de la obra en este teatro del mundo. Una obra, que ya dura demasiado tiempo, en la que el público se levanta con la vista cansada y el corazón roto. Y me acuerdo de mi amigo Nadav y de su canción y me pregunto si seguirá tarareando esa letra. Y en un grito ahogado y tembloroso mi voz se une al eco la suya con un "Sí a la paz". Y vuelvo a soñar con esa letra en árabe y en hebreo (sobre todo en árabe), con una palestina abrazándome el cuello y con la esperanza todavía intacta.

PEQUEÑO EPÍLOGO
(Sin firma)

Este libro terminó de maquetarse

mientras los atletas de la delegación israelí participaban en las Olimpíadas celebradas en Francia, entre ellos el judoka y militar Sagi Muki,

mientras el Ministerio de Salud de Gaza denunciaba 30 fallecidos en un ataque israelí a una escuela de niñas *Khadija* de Deir al Balá,

mientras Las Fuerzas de Defensa de Israel confirmaban la muerte, a causa de un bombardeo contra miembros del Movimiento de Resistencia Islámica, de Ismail al Ghoul, periodista de la cadena qatarí de noticias Al Yazira, y del fotoperiodista Rami Al-Rifi, cuando informaban desde el campo de refugiados de Al-Shate,

mientras Netanyahu regresaba a su páis después de dar un aplaudido discurso en el Congreso de EEUU,

mientras Israel mataba con un misil disparado desde un avión al líder de Hamás, Ismail Haniya, en Teherán (Irán), despertando así la posibilidad de una guerra total en Oriente Medio,

mientras, como cada día, a todas horas, numerosas víctimas llegaban al Hospital de los Mártires de Al-Aqsa como resultado, esta vez, de un ataque al campamento de refugiados de Bureij en el centro de Gaza, y entre ellas: un hombre con los restos de su hijo en brazos,

mientras los palestinos desplazados en Khan Younis se veían obligados a vivir entre los difuntos debido al hacinamiento y los repetidos desplazamientos causados por los incesantes bombardeos,

mientras en Telegram circulaban imágenes de drones cazando civiles en bicicleta que huían desesperados en Gaza hacia no sabían dónde,

mientras en las cárceles de Israel se seguían torturando de manera horrenda a los presos palestinos, y en el canal israelí N12 se publicaban imágenes de cámaras de seguridad en las que, supuestamente, las tropas de las Fuerzas de Defensa de Israel utilizaban una escoba para abusar sexualmente de un prisionero, mientras las víctimas de civiles superaban oficialmente la cifra de 39.500 tras 300 días genocidas, pero en realidad podrían ser muchas más,

mientras más y más bombas despedazaban y enterraban a vivos y muertos en Gaza,

mientras el hambre y las epidemias se extendían allí, y los bebés sobrevivían con la piel llena de sarpullidos,

mientras una niña bailaba en una calle ruinosa de Gaza en una actividad de entretenimiento y olvido, pues ya entonces no quedaba futuro posible,

mientras Marc Perlmutter, médico estadounidense y judío decía, al volver de Gaza, que había visto cuerpos de niños triturados por la metralla y atravesados por las repetidas balas de los francotiradores, y que había visto y documentado la ejecución de 13 niños en el complejo médico Al Shifa por el ejército israelí,

mientras un bebé destripado aparecía en X,

mientras barcos de la marina israelí abrían fuego contra tiendas de campaña con refugiados cerca de una playa, en Al-Mawasi, una zona declarada "segura" por Israel,

mientras un soldado judío, otro más, se suicidaba en Nahariya, al norte de los territorios ocupados palestinos,

mientras las fotos aéreas mostraban los efectos de la destrucción sobre Gaza y las cifras de toneladas de explosivos lanzados multiplicaban por 7 los arrojados en Hiroshima,

mientras combatientes de las Brigadas Qassam publicaban un vídeo contra un tanque,

mientras aviones rompiendo la barrera del sonido rasgaban el cielo de Gaza provocando el pánico,

mientras un médico lloraba el asesinato de toda su familia,

mientras un ataque a las cinco de la mañana de un sábado causaba un incendio en una escuela con más de 6.000 desplazados por la guerra en el barrio de Al- Daraj, cuando tenía tenía lugar el primer rezo de la jornada, matando a centenares de personas, mientras